AF603223

LE BUCHERON, *OU* LES TROIS SOUHAITS.

COMEDIE

En un Acte, mêlée d'Ariettes.

Représentée pour la première fois par les Comédiens Italiens ordinaires du Roi, le Lundi 28 Février 1763.

Par M. *** M. ***

La Musique de M. PHILIDOR.

Le prix est de 24 sols.

A PARIS,
Chez CLAUDE HERISSANT, Imprimeur-Libraire, rue Neuve Notre-Dame, à la Croix d'or.

M. DCC. LXIII.
AVEC APPROBATION.

CONTE

De feu M. PERRAULT, *qui a donné lieu à la Piéce.*

IL étoit une fois un pauvre Bucheron,
Qui las de sa pénible vie,
Avoit, disoit-il, grande envie
D'aller se reposer aux bords de l'Achéron.
Car enfin, malheureux depuis qu'il est au monde,
L'injuste Ciel a-t-il jamais
Accordé quelque treve à sa douleur profonde?
A-t-il daigné remplir un seul de ses souhaits?
Un jour que dans le bois il se mit à se plaindre,
Jupiter, foudre en main, à ses yeux apparut.
On auroit peine à bien dépeindre
La peur que le bon homme en eut.
Je ne veux rien, dit-il, en se jettant par terre,
Point de souhaits, point de tonnerre,
Seigneur, demeurons but à but.
Cesse d'avoir aucune crainte:
Je viens, dit Jupiter, touché de ta complainte
Y mettre fin, & pour jamais.
Ecoute donc: je te promets,
Moi qui du Monde entier suis le souverain Maître,
D'exaucer pleinement les trois premiers souhaits
Que tu voudras former sur quoi que ce puisse être.
Vois ce qui peut te rendre heureux,
Vois ce qui peut te satisfaire,
Et comme ton bonheur dépend de tous tes vœux,
Songes-y bien avant que de les faire.
A ces mots, Jupiter dans les cieux remonta.
Et le gai Bucheron embrassant sa falourde,
Pour retourner chez lui, sur son dos la jetta;
Cette charge jamais ne lui parut moins lourde.
Il ne faut pas, disoit-il en trotant,
Dans tout ceci rien faire à la légere:
Il faut, le cas est important,
En prendre avis de notre Ménagere.

Ça, dit-il en entrant ſous ſon toît de fougere,
Faiſons, Fanchon, grand feu, grand'chere;
Nous ſommes riches à jamais,
Et nous n'avons qu'à former des ſouhaits.
Là deſſus Blaiſe lui raconte
Le fait dont il s'agit. L'Epouſe vive & prompte
Forme ſur ce récit mille vaſtes projets.
Ne gâtons rien par notre impatience,
Mon cher ami, dit-elle à ſon Epoux;
Examinons bien entre nous
Ce que nous devons faire en pareille occurrence;
Remettons à demain notre premier ſouhait,
Et conſultons notre chevet.
C'eſt bien penſé, lui répond Blaiſe;
Mais vas tirer du vin derriére ces fagots.
A ſon retour il but; & goûtant à ſon aiſe
Près d'un grand feu la douceur du repos,
Il dit, en s'appuyant ſur le dos de ſa chaiſe,
Pendant que nous avons une ſi bonne braiſe,
Qu'une aune de boudin viendroit bien à propos!
A peine acheva-t-il de prononcer ces mots,
Que la femme apperçut, grandement étonnée,
Un boudin fort long, qui partant
D'un des coins de la cheminée,
S'approchoit d'elle en ſerpentant.
Mais jugeant que cette aventure
Avoit pour cauſe le ſouhait,
Que par ſotiſe toute pure
Son homme imprudent avoit fait;
Quand on peut, lui dit elle, obtenir un Empire,
De l'or, des perles, des rubis,
Des diamans, de beaux habits,
Eſt-ce alors du boudin qu'il faut que l'on deſire?
Eh bien! Fanchon, j'ai tort, j'ai mal placé mon choix,
J'ai commis une faute énorme,
Je ferai mieux une autre fois.
Bon, bon, répond ſa femme, attendez-moi ſous l'orme;
Pour faire un tel ſouhait, il faut être bien bœuf!
Excedé par ces mots, & bouillant de colére,
Blaiſe penſa tout bas ſouhaiter d'être veuf;
Et peut-être entre nous ne pouvoit-il mieux faire.
Les hommes, diſoit-il, pour ſouffrir ſont bien nés;

Peste soit du boudin ; & du boudin encore !
Plut à Dieu, maudite pécore,
Qu'il te pendît au bout du nez !
La priére aussitôt du Ciel fut écoutée,
Et l'Epouse déconcertée,
En voyant de son nez l'horrible supplément.
Fanchon étoit jolie, elle avoit bonne grace ;
Et pour ne point mentir, un pareil ornement
Figuroit mal en cette place.
Je pourrois, dit Blaise à part soi,
Après un malheur si funeste ;
Avec le souhait qui me reste,
Tout d'un plein saut me faire Roi.
Rien n'égale, il est vrai, la grandeur souveraine ;
Mais encore faut-il songer
Comment seroit faite la Reine,
Et dans quelle douleur ce seroit la plonger
De l'aller placer sur un Trône
Avec un nez plus long qu'une aune.
Consultons-la du moins ; sçachons son sentiment,
Et ne décidons rien que de son agrément.
La chose bien examinée,
Quoiqu'elle sçut d'un sceptre & la force & l'effet,
Et que lorsqu'on est couronnée
On a toujours le nez bien fait ;
Comme au desir de plaire il n'est rien qui ne céde,
Elle aima mieux garder son bavolet
Que d'être Reine & d'être laide.
Ainsi le Bucheron ne changea point d'état,
Ne devint point grand Potentat,
D'écus ne remplit point sa bourse :
Trop heureux d'employer le souhait qui restoit,
(Foible bonheur, pauvre ressource !)
A remettre sa femme en l'état qu'elle étoit.

Ainsi que Blaise, tous les hommes
Se plaignent de leur sort, & forment des souhaits.
Songeons plutôt, songeons, imprudents que nous sommes,
A bien user des dons que le Ciel nous a faits.

PERSONNAGES.	Noms des Acteurs.
BLAISE, Bucheron.	*M. Caillot.*
MARGOT, Femme de Blaiſe.	*Mme Bérard.*
SUZETTE, Fille de Blaiſe.	*Mme La Ruette.*
COLIN, Amant de Suzette.	*M. Clairval.*
SIMON vieux Fermier, Amoureux de Suzette.	*M. Champville.*
LE BAILLI.	*M. La Ruette.*
UNE MEUNIERE. } UNE COMMERE. }	*Mlle. Deſglands.*
UN CABARETIER. } MERCURE. }	*M. St Aubert.*

La Scène eſt dans un Hameau.

Le Théâtre repréſente à droite une Forêt, & à gauche quelques Chaumières qui paroiſſent terminer un Hameau. On entend du fond de la Forêt des coups de Cognée, dont le bruit ſourd annonce que celui qui y travaille eſt encore loin; ce bruit s'accroît & s'éclaircit ſucceſſivement.

LE

LE BUCHERON, *OU* LES TROIS SOUHAITS.

SCENE PREMIERE.

COLIN, SUZETTE.

COLIN *cherche Suzette.*

SUZETTE *sortant de la Forêt, un panier à la main, & chantant le petit air qui suit :*

AIR :

NANETTE, au bois, tout en sautant,
Cueilloit & cassoit la noisette ;
Un gros loup vint, elle fuit à l'instant :
Un beau Berger suit la folette,
Autre accident.
Ah ! la pauvrette !
Ah ! le méchant !

COLIN *avancant.*

Quelle innocence !... Qu'elle eſt aimable!

SUZETTE.

Eh ! c'eſt toi, Colin?

COLIN *tendrement.*

Eh ! c'eſt toi, Suzette ?

SUZETTE.

Oui, vraiment : mais je m'en vais bien vîte.

COLIN.

Arrête un moment, je te prie.

SUZETTE.

Oh ! je ne ſçaurois. Je viens de porter à déjeûner à mon Pere qui travaille dans cette Forêt : ma Mere m'a ordonné de revenir tout de ſuite ; ſi je tarde, elle me grondera.

ARIETTE.

Quel bruit, hier, pour un bouquet!
Tu me l'offris d'un air ſi tendre :
Je ne pus me défendre
D'en parer mon corſet.
Devois-je m'attendre
Que Maman s'en fâcheroit ?

Ah! dit-elle en colere,
D'où vient ce bouquet-là ?
Quelqu'un cherche à vous plaire ;
Je n'entends point cela.
Qu'on me le donne....
Je crois qu'elle raiſonne....
Sa voix, ſes yeux, tout marquoit ſa fureur.
Je tremblois de frayeur.

Quel bruit, hier, pour un bouquet!
Tu me l'offris d'un air si tendre :
Je ne pus me défendre
D'en parer mon corset.
Devois-je m'attendre
Que Maman s'en fâcheroit ?

Elle me questionna beaucoup. Pour l'appaiser, je lui répondis que c'étoit moi qui l'avoit fait. Je ne veux plus mentir, laisse-moi, Colin.

COLIN.

Mais, ma chere Suzette....

SUZETTE.

Non, te dis-je; si ma Mere nous surprenoit ensemble, ce seroit bien pis, après le dessein qu'elle a de me marier avec M. Simon.

COLIN.

Simon!

SUZETTE.

Lui-même, son acien ami, son voisin, ce riche Fermier qui est veuf, qui est d'un certain âge....

COLIN.

Qu'entends-je?

ARIETTE.

Vois le chagrin qui me dévore,
Prens pitié de mes feux.
Quand je t'aime, quand je t'adore,
Un autre, hélas, seroit heureux!

Paſſer toute ma vie,
Belle Suzette, auprès de toi,
C'étoit ma ſeule envie;
J'euſſe été plus content qu'un Roi.

Vois le chagrin qui me dévore,
Prens pitié de mes feux.
Quand je t'aime, quand je t'adore,
Un autre, hélas, ſeroit heureux!

SUZETTE.

Tu m'affliges.

COLIN.

Et toi, tu me déſeſperes.

(Les coups de Cognée ſe font entendre de plus près.)

SUZETTE.

Entens-tu mon Pere qui s'avance? Sauvons-nous.

COLIN.

Ah! que je t'aime!

SUZETTE *avec inquiétude.*

Et moi auſſi.

COLIN.

Mais, Simon . . . .

SUZETTE.

Laiſſe faire, je le refuſerai toujours, & nous verrons. Vîte, vîte, enfuyons-nous.

(Colin lui dérobe un baiſer ſur la main, & ils ſe ſéparent.)

SCENE II.

BLAISE *une Cognée ſur l'épaule & une Bouteille d'oſier ſous le bras. Il les poſe à terre, & s'eſſuie le front avec ſa manche.*

OUF ! je ſuis tout en eau. Reſpirons un moment.... Les pauvres gens ſont-ils aſſez à plaindre ? Depuis que je ſuis au monde, je ne fais que travailler, & je n'en ſuis pas mieux.

ARIETTE.

Dès le matin
Je prends en main
Ma lourde Cognée ;
Et dans le bois voiſin,
Toute la journée,
Je vais taillant,
Coupant,
Abbattant,
Han, han !

Qu'on a de peine
Pour un petit gain !
Mais un peu de vin
Me redonne haleine,
Mais un peu de vin
Me remet en train.

Ma besogne achevée,
Je n'ai pas plus de repos ;
Sergent, Taille, corvée,
Sont les moindres de mes maux.

A la maison,
Un vrai démon
Me querelle,
Me harcelle.
Méchante femme, & point de pain :
Ah ! quel destin !

Dès le matin
Je prends en main
Ma lourde Cognée ;
Et dans le bois voisin,
Toute la journée,
Je vais taillant,
Coupant,
Abbattant,
Han, han !

(*Caressant sa bouteille.*) Ah ! mignonne ; sans toi .... (*On entend gronder le tonnerre.*) O Ciel !

SCENE III.

BLAISE, MERCURE.

BLAISE *appercevant Mercure ſur un nuage.*

QUE vois-je ?.....

MERCURE.

Mercure.

BLAISE *s'inclinant.*

Seigneur .... ah ! ... que je ſouffre toujours ; pourvu que je vive.

MERCURE.

RECITATIF.

Blaiſe, raſſure-toi. Le grand Dieu du tonnerre
Veut bien, touché de ta miſere,
Y mettre fin, & pour jamais.
Toi-même de ton ſort tu vas être le maître ;
Oui, de ſa part je te promets
Qu'il remplira les trois premiers ſouhaits
Que tu voudras former ſur quoi que ce puiſſe être.

Profite, ſi tu es ſage, de la bonté de Jupiter.

(*Mercure diſparoît.*)

SCENE IV.

BLAISE.

TROIS ſouhaits, qui tous trois ſeront accomplis !

ARIETTE.

Mais quand j'y ſonge,
J'en ſuis émerveillé.
Suis-je bien éveillé ?
Non. C'eſt un ſonge....
Blaiſe, réveille-toi,
Ouvre les yeux.... Ma foi
Non, ce n'eſt point un ſonge.

Je vais donc voir
Ducats pleuvoir
En abondance,
Tout à mon gré
Je nagerai
Dans l'opulence.

Plus de chagrin, toujours bombance,
Tout eſt en mon pouvoir;
Je n'aurai qu'à vouloir,
Pour être un homme d'importance.

Mais quand j'y ſonge, &c.

Trois ſouhaits !... pourquoi point quatre ?... Chut !

Chut! Les Dieux ſont les maîtres, & ce n'eſt pas à nous de raiſonner. Tatigué, nous n'allons donc plus crier miſére! Que ſouhaiter? c'eſt là le point. (*Il rêve.*) Oui, c'eſt bian penſé.... Non, faut mieux que ça.... Si je demandions la Terre du Seigneur?... Bon, je ne ferions quaſiment que rentrer dans notre bien.... Le Maître d'Ecole?.... Il n'eſt guéres plus riche que nous.... Le Bailli?... La Juſtice eſt un bon métier, & je me ſens aſſez d'appétit; mais c'eſt un vrai grimoire, & je ne veux rien qui me fatigue.... Trois ſouhaits; n'eſt-il pas vrai?... (*gaiment.*) Je n'en ai pas encore formé un, au moins! Attendez, attendez.... Un carroſſe?... Ils riroient tous en me voyant par les portiéres.... Si je ſouhaitions d'abord une autre figure, afin de n'être pas reconnu?.... Mais il faudroit dire laquelle, & je tiens un peu à la mienne. Tout ça m'échauffe. Morgué! (*il remue ſa bouteille.*) il n'y en a preſque plus; avalons le reſte, ça nous ouvrira l'eſprit. (*Il boit.*)

SCENE V.

BLAISE, MARGOT.

MARGOT.

AH! je t'y prends, maître yvrogne.

BLAISE *achevant d'avaler.*

Bon jour, ma petite femme, bon jour.

MARGOT.

Comment, bon jour ! C'eſt donc ainſi que tu travailles ?

BLAISE.

J'ai fait plus de beſogne que tu ne penſes.

MARGOT *d'un ton plus élevé.*

Où eſt-elle cette belle beſogne ?

BLAISE.

Ah, ah, ne te fâche point.

MARGOT.

Que je ne me fâche point, chien de fainéant ; que je ne me fâche point !

BLAISE.

Eh bian ! fâche-toi, ſi ça te fait plaiſir.

MARGOT.

Je n'en ai que trop ſujet, vraimènt.

ARIETTE.

Tout l'ouvrage
Du ménage
Roule ſur la pauvre Margot.
Je file, je tricotte,
Je cuis le pain, j'ai ſoin du pot,
Je balaye & je frotte ;
Tout eſt d'un net à s'y mirer....
Je ſuis bien ſotte :
Monſieur ne ſçait que s'enyvrer.

BLAISE *très-haut.*

Ma femme !

MARGOT.

Ta femme ! Tu ne te soucies ni d'elle, ni de tes enfans. Est-ce comme ça, dis, que tu songes à pouvoir Suzette ? Simon la demande.

BLAISE.

Pr, pr, pr, pr.

MARGOT.

Il est riche.

BLAISE.

Je le sçais.

MARGOT.

Eh ! bian ?

BLAISE.

Tarrare. (*haussant les épaules.*) Simon !

MARGOT.

A qui veux-tu la donner ?

BLAISE.

A un Comte.

MARGOT.

Es-tu yvre ?

BLAISE.

A un Marquis.

MARGOT.

Je n'y tiens pas.

BLAISE.

A un Roi.

MARGOT.

Es-tu fou ?

BLAISE.

Je n'ai qu'un mot à lâcher pour ça.

MARGOT.

Queu galimathias !

BLAISE.

Enfin, je ſuis le plus heureux des hommes ; & ſi tu es ſage, je te rends la plus heureuſe des femmes, vois-tu ?

MARGOT *à part.*

Eſt-ce qu'il auroit perdu la tête ?

BLAISE *avec tranſport.*

Margot !

MARGOT.

(*A part.*) Il n'y paroiſſoit pas ce matin . . . . (*haut.*) Blaiſe !

BLAISE.

Ecoute.

MARGOT.

Quoi ?

BLAISE.

Tu ne me croiras point.

MARGOT.

Que de diſcours !

BLAISE.

As-tu entendu un grand coup de tonnerre ?

MARGOT.

Qu'eſt-ce que le tonnerre me fait ?

BLAISE.

L'as-tu entendu ?

MARGOT.

Oui. Après ?

BLAISE.

Bon. (*Il s'arrête un instant pour voir si elle ne l'interrompra point.*) Bon. A la place où nous sommes, fatigué du travail de la matinée, maudissant notre malheureux sort, pestant fort honnêtement contre ton humeur....

MARGOT.

Comment, traître! as-tu rien à me reprocher?

BLAISE.

Passons, passons. Mercure....

MARGOT *à part.*

En v'la bien d'une autre.

BLAISE.

Au bruit de mes plaintes....

MARGOT *à part.*

Il va nous faire un conte.

BLAISE.

Est-venu m'annoncer....

MARGOT.

(*A part.*) Ne le contredisons pas. (*haut.*) Que t'a-t-il annoncé?

BLAISE.

Que je pouvions à notre gré former trois souhaits.

MARGOT.

J'en formons plus de mille, nous; comme, par exemple, de te voir raisonnable, un; que tu travailles davantage, deux; que tu boives moins, trois....

BLAISE.

Et que Jupiter....

MARGOT.

(*A part.*) Stenpendant il ne se joueroit pas des Dieux. (*haut.*) Eh bian ! que Jupiter ?...

BLAISE.

Les accomplirois tous trois.

MARGOT.

Sérieusement ?

BLAISE.

V'la le fait, que diable ! Je te demande si après cette aventure-là on ne peut pas se reposer un peu ? (*Il suce le gouleau de sa bouteille.*)

MARGOT *se radoucissant.*

Trois souhaits, mon cher ami ?

BLAISE *d'un ton d'humeur.*

Apparemment.

MARGOT.

Sur trois choses.... là ?...

BLAISE.

Sans doute....

MARGOT *très-vivement.*

O tatigoi ! Tu n'as pas tort, faut te reposer, mon cher cœur.... Que dis-tu là ? mais c'est charmant ! Ah, Blaise !

BLAISE *se faisant valoir.*

Je suis un yvrogne.

MARGOT.

Non, non.

BLAISE.

Un fainéant.

MARGOT *lui fermant la bouche.*

Laisse donc.

BLAISE.

Un homme qui n'aime point ſa femme.

MARGOT *le flattant.*

Oh ! que ſi.

BLAISE.

Ni ſes enfans.

MARGOT.

Dame, je ne ſçavions pas.... Eſt-ce que tu veux toujours bouder ?

BLAISE *lui préſentant la main.*

Allons, touche, Margot ; le bonheur raccommode tout.

MARGOT.

Tu n'as encore rien ſouhaité ?

BLAISE.

Ça m'embarraſſe, morbleu !

MARGOT.

Prens bien garde, au moins, à ce que tu ſouhaiteras. Trois ſouhaits ! il n'y en a que trois, ce n'eſt pas comme s'il y en avoit cent.

BLAISE.

Tu as raiſon.

MARGOT.

S'il viant queuqu'idée à ta petite femme ?..

BLAISE.

Oui, oui. Mais comme deux avis valent mieux qu'un, j'allons trouver M. le Bailli, il n'eſt pas fier, j'avons quelque fois bû enſemble ; il trouvera peut-être mieux que nous notre affaire ; & je paſſerons auparavant chez nos Créanciers pour les appaiſer en attendant....

MARGOT.

A merveille! Vas, mon petit homme, vas.

(*Blaiſe ſort.*)

SCENE VI.

MARGOT.

ÇA me ſemble un rêve! Adieu le Village pour le coup; queu changement!

ARIETTE.

Plus de bavolet;
Les dentelles
Les plus belles!
Ce juſte me déplaît.
Robe traînante,
Riches habits,
Perles, rubis,
A chaque oreille une pendante.
Ce ſera-t-il bientôt?
Ah! Blaiſe!
Je ne me ſens pas d'aiſe.
Saute, Margot.

Une

Une fois si bien mise,
Je n'entends plus qu'on dise :
Margot par-ci, Margot par-là.
Fi, fi de ce nom-là.
Tredame !
Chapeau bas :
Madame,
Gros comme le bras.

Plus de bavolet, &c.

SCENE VII.

MARGOT, SIMON.

SIMON.

Courage, Madame Margot ! Vous me paroissez bian contente aujourd'hui !

MARGOT *dédaigneusement.*

Vous voyez, M. Simon.

SIMON.

Peut-on sçavoir ?...

MARGOT.

Ce n'est pas sans sujet.

SIMON.

Mais encore ?

MARGOT *se parlant à elle-même.*

Je ferons crever de jalousie tout le Village.

SIMON.

C'eſt donc queuque choſe de biau ? . . .

MARGOT *toujours ſans l'écouter.*

Oui, tout le Village, juſqu'à la Dame du Château.

SIMON.

Peſte !

MARGOT.

J'en ris d'avance.

SIMON.

Et moi auſſi . . . . Madame Margot ?

MARGOT.

Queu plaiſir !

SIMON.

On écoute les gens, au moins. (*Très-haut.*) Madame Margot ?

MARGOT.

Qu'eſt-ce qu'il y a, M. Simon ?

SIMON.

Puiſque vous êtes de ſi bonne humeur, je ſuis charmé . . . .

MARGOT *avec dignité.*

Vous me faites bian de la grace.

SIMON *à part.*

Diable ſoit de la mijaurée ! mais Suzette eſt gentille, filons doux. . . . (*haut*) Oh ! ça ma voiſine . . . & biantôt ma belle-mere, car . . .

MARGOT.

Plaît-il, M Simon ?

SIMON.

Nous devons épouſer la petite Suzette.

MARGOT.

Vous, M. Simon? ah! ah! ah! ah!

SIMON.

Mais, sans doute, & je venons tout exprès....

MARGOT.

Pour épouser Suzette? ah! ah! ah! ah!

SIMON *la contrefaisant.*

Ah! ah! ah! ah! A la fin, ça m'impatiente. Ne me l'avez-vous pas promise?

MARGOT *froidement.*

J'ons queuqu'idée de ça.

SIMON.

Mais, mais, ne vous en déplaise, Dame Margot, vous faites bian la renchérie; hier vous me trouviez bon & très-bon pour votre fille.

MARGOT.

Hier, il est vrai, M. Simon nous faisoit beaucoup d'honneur.

SIMON.

Ecoutez donc, sans vanité....

MARGOT.

Mais tous les jours ne se ressemblent pas.

SIMON.

Comment! n'êtes-vous pas aujourd'hui ce que vous étiez hier? Margot, femme de Blaise le Bucheron; & moi, Simon, un des riches Fermiers du canton?

MARGOT.

Oui, vous êtes & serez toujours M. Simon que j'honorons infiniment: mais je ne serai biantôt plus Margot, ni Suzette ne sera plus Suzette.

SIMON *à part & avec ſurpriſe.*

Elle extravague !

MARGOT.

Il en eſt tout ébahi, hi, hi, hi, hi !

SCENE VIII.

MARGOT, SIMON, UNE MEUNIERE, UN CABARETIER.

LA MEUNIERE *du fond du Théâtre.*

JE ſerons peut-être payés ſte fois-ci ?

LE CABARETIER.

Ou je mettrons le Sergent en campagne.

LA MEUNIERE.

C'eſt bian dit, le Sergent.

(Ils avancent.)

SIMON *à part, les appercevant.*

V'la, ma foi, dequoi rabattre ſon caquet.

LA MEUNIERE *bruſquement.*

Bon jour, voiſine.

LE CABARETIER *de même.*

Sarviteur, Madame Margot. Blaiſe n'eſt point ici, mais je vous trouvons, c'eſt la même choſe.

MARGOT.

Vous vous êtes donc donné le mot ? c'eſt fort plaiſant.

SIMON *à part.*

Ça me paſſe.

MARGOT.

Et c'eſt de l'argent que vous demandez ?

LA MEUNIERE.

Aſſurément.

LE CABARETIER.

Vous l'avez dit.

MARGOT.

Pour vous, M. le Cabaretier, un moment, les dettes du cabaret ne me regardent pas : Blaiſe eſt allé chez vous....

LE CABARETIER.

Pour y boire ſur nouveaux frais : car pour payer il n'eſt pas ſi alerte ; mais morguenne il n'en tâtera que de la bonne magniére, & je ſçaurons qui de vous deux ça doit regarder.

MARGOT.

C'eſt bian le prendre ça, ah ! ah ! ah !

SIMON.

Oui, riez.

MARGOT.

Pourquoi pas ? ſi j'ons de quoi.

LE CABARETIER.

A la bonne heure.

LA MEUNIERE.

En ce cas v'la mon petit mémoire.

MARGOT.

Mathurine a de l'ordre.

LA MEUNIERE *au Cabaretier.*

Alle ſe gauſſe de nous, je crois.

LE CABARETIER

M'eſt avis qu'oui..

MARGOT.

Voyons ce petit mémoire.

LA MEUNIERE *feuilletant ſon livre de comptes.*

Ce n'eſt pas ça.... ce n'eſt pas ça : c'eſt l'article du Seigneur. (*Elle tourne long-temps.*) Ah ! ... non, c'eſt votre article, M. Simon.

SIMON.

Je ſçais, je ſçais.

LA MEUNIERE.

Ah ! enfin.

QUATUOR.

Item. A Margot ma voiſine,
Cinq ſeptiers de farine.

MARGOT.

Combien ?

LA MEUNIERE.

Le tout ſe monte à vingt écus.
Depuis deux ans, c'eſt conſcience,

MARGOT.

Patience,
Vous ne vous plaindrez plus.

LE CABARETIER.

Depuis quatre mois, Blaiſe
Chez nous boit à crédit,
C'eſt en prendre à ſon aiſe;
A ce prix-là j'aurions un grand débit.

LA MEUNIERE.	MARGOT.	LE CABARETIER.
C'est par trop attendre.	Voulez-vous m'entendre (*riant.*) Ah ! ah ! je suis en train.	C'est par trop attendre. Qu'on me paye mon vin.
A moi, ma farine,	Ah ! ah ! Mathurine !	
	SIMON *à part.*	
L'insolence !	Elle a perdu l'esprit.	L'impudence !
Ou de l'argent, Ou le Sergent.	MARGOT.	Ou de l'argent, Ou le Sergent.
	Leur dépit Me divartit. Un Sergent ! ah ! ah ! ah !	
	SIMON *à part.*	
	Je ne comprends rien à cela.	
(*avec menace.*)	MARGOT (*toujours riant.*)	(*avec menace.*)
Nous verrons ça. Nous verrons ça.	Un Sergent ! ah ! ah ! ah ! ah !	Nous verrons ça. Nous verrons ça.

MARGOT.

Mes enfans, un mot.

LE CABARETIER.

Je ne nous payons point de cette monnoye.

LA MEUNIERE.

C'eſt du comptant qu'il nous faut.

MARGOT.

Vous ſerez payés les premiers, c'eſt trop juſte

LA MEUNIERE & LE CABARETIER.

Quand ?

MARGOT.

Un tréſor....

SIMON *à part.*

Je ne m'étonnons plus.

LE CABARETIER *à la Meûniere.*

Un tréſor, Mathurine!

LA MEUNIERE *à Margot.*

Vous avez trouvé un tréſor !

MARGOT.

C'eſt tout comme.

SIMON *à part.*

Autre folie !

LE CABARETIER.

Que ne diſiez-vous d'abord ?

LA MEUNIERE *curieuſement.*

Mais comment donc ça, voiſine?

MARGOT.

Suffit que Blaiſe va devenir gros Seigneur.

LE CABARETIER.

Belle ſûreté !

MARGOT.

Il eſt même allé vous trouver.

LA MEUNIERE.

C'eſt différent.

MARGOT.

MARGOT.

Envoyez, envoyez le Sergent.

LE CABARETIER.

Je n'aimons point à faire de la peine.

LA MEUNIERE

Nous, ce n'eſt jamais qu'à notre corps défendant.

MARGOT.

Allez, bonnes gens, allez.

SIMON *à part.*

Il y a queuque choſe là-deſſous.

LE CABARETIER.

Sarviteur, Madame Margot. Blaiſe ſera toujours le bian venu.

LA MEUNIERE.

Sans rancune, ma voiſine.

MARGOT *d'un air pincé.*

Adieu, adieu.

LE CABARETIER.

Un tréſor !

LA MEUNIERE.

Un tréſor, tatigué !

(*Le Cabaretier & la Meuniere ſortent.*)

SCENE IX.

MARGOT, SIMON, SUZETTE.

SUZETTE.

AH ! ma Mere ! est-il vrai que nous allons être bien riches ? Mon Pere m'a dit....

MARGOT.

Taisez-vous, petite fille, ce ne sont point vos affaires ; vous venez stenpendant à propos, & je suis bian aise de vous seignifier en un mot comme en cent, de ne plus songer à M. Simon que v'la.

SIMON.

Mais, voisine !

MARGOT.

Mais, voisin !... Suzette, obéirez-vous ?

SUZETTE.

Oh ! mon Dieu, oui !

MARGOT.

A la bonne heure.

SUZETTE.

Monsieur Simon ne m'a jamais plû.

MARGOT.

Tant mieux.

SUZETTE.

C'est la vérité.

SIMON.

Pas tant d'assurances.

MARGOT.

Ça est du positif, M. Simon ! (*à Suzette.*) Et toi, à cause de ta docilité, baise-moi ; je te résarvons queuqu'un qui sera mieux ton fait.

SUZETTE.

O Maman, que je vous serai obligée ! Colin, en effet, est bien plus aimable.

MARGOT *fronçant le sourcil.*

Qu'est-ce que c'est que Colin ?

SIMON *riant à part.*

Hi, hi, hi, hi.

SUZETTE.

C'est ce Berger....

MARGOT.

Comment ?

SUZETTE.

Si jeune, si bien fait....

MARGOT.

Oui-da !

SUZETTE.

Et si tendre.

MARGOT.

Jour de ma vie !

SIMON *à Margot.*

Embrassez-la donc à cause de sa docilité.

SUZETTE.

Quoi ! ce n'est pas Colin ?...

MARGOT.

Tubleu ! vous prononcez ce nom-là !

SUZETTE.

Avec bien de la joie.

SIMON *à part.*

Queu franchise ! je l'en aimons davantage.

MARGOT.

Ah ! ah ! v'la donc l'histoire du bouquet sans ce que je ne sçavons point.... Ça m'est égal ; tu renonceras à ce Colin si bien fait, si tendre....

SUZETTE.

AIR.

Je voudrois bien vous obéir,
Maman, pour cela je suis faite ;
Mais si vous chérissez Suzette,
La voulez-vous faire mourir ?

Quel chagrin pour Colin lui-même,
Si mon cœur alloit le trahir !
Non, non, je n'y puis consentir :
Quel mal fais-je donc quand je l'aime ?

Je voudrois bien vous obéir,
Maman, pour cela je suis faite ;
Mais si vous chérissez Suzette,
La voulez-vous faire mourir ?

MARGOT *séchement.*

On ne meurt pas de ça.

SUZETTE.

Colin....

MARGOT.

Tu penses encore à Colin ?

SUZETTE *avec obstination.*

J'y penserai toujours, là.

MARGOT *allant pour la battre.*

Attens, attens, petite péronelle !

SIMON *l'arrêtant.*

Eh ! la, la. (*Il reçoit un soufflet que Suzette évite.*) Peste soit de la femme ! (*Il porte la main à sa joue.*)

MARGOT *à Suzette.*

Tu m'obéiras, je t'en réponds. (*A part.*) Mais j'oublions l'essentiel : son pere, sans moi, pourroit faire queuques sotises, faut que j'allions le rejoindre. (*haut.*) Restez ici. (*à part.*) Je ne pouvons pas l'avoir sans cesse à nos côtés, & je préférons qu'alle soit plutôt avec le vieux qui lui déplaît, qu'avec le jeune qui est de son goût. (*du haut de l'épaule.*) Adieu, M. Simon. (*à Suzette.*) Fais ce que je t'ordonne.

(*Elle sort.*)

SCENE X.

SUZETTE, SIMON.

SUZETTE.

JE ſuis fâchée, M. Simon....

SIMON.

De quoi, ma belle enfant?

SUZETTE.

Du ſouflet....

SIMON.

Parlons d'autre choſe.

SUZETTE.

Que vous avez reçu-là pour moi.

SIMON.

Il vaut bian mieux, petite poule, qu'il ſoit tombé ſur ma joue, que non pas ſur celle-ci. (*pinçant celle de Suzette.*)

SUZETTE.

Ma Mere a la main forte?

SIMON.

Un peu.

SUZETTE *avançant la main.*

Vous fait-il bien du mal?

SIMON *la lui baiſant.*

Ah!... je ne ſouffrons plus.

SUZETTE *la retirant.*

Comment ! M. Simon, vous baiſez ma main, ſans me la demander encore !

SIMON.

C'eſt que vous me refuſeriez.

SUZETTE.

Faut-il donc la baiſer pour cela ? Fi ! Colin n'eſt pas ſi hardi que vous au moins.

SIMON.

C'eſt que je vous aimons mieux que lui.

SUZETTE.

Mieux que lui ! c'eſt tout le contraire.

SIMON.

Si vous deveniez ma petite femme !...

SUZETTE.

Colin ne pourroit plus vivre, M. Simon.

SIMON.

Qu'eſt-ce que ça me feroit ?

SUZETTE.

Ni Suzette non plus.

SIMON.

Je ſommes à notre aiſe, je ſatisferions, morgué, tous vos beſoins.

SUZETTE.

Je n'ai beſoin que de Colin, M. Simon.

SIMON.

V'la un terrible garçon que ce Colin. Qu'eſt-ce qu'il a donc de ſi agréiable ?

SUZETTE.

COUPLETS.

Colin a des yeux charmans,
Sur-tout lorsqu'il me regarde.
Je fuis les autres Amans;
Avec lui je me hazarde.
Enfin, voyez-vous enfin,
C'est un plaisir d'aimer Colin.

Il faut l'entendre chanter!
Fait-on quelque chansonette?
Je ne veux point l'écouter,
Si Colin ne la répete.
Enfin, voyez-vous enfin,
C'est un plaisir d'aimer Colin.

Colin ne néglige rien;
Si je veux aller plus vîte,
Sous son bras il prend le mien;
Je sens son cœur qui palpite.
Enfin, voyez-vous, enfin,
C'est un plaisir d'aimer Colin.

SIMON *à part.*

La Mere ne veut plus de moi; la Fille voudra toujours son Colin; je ne sommes plus de ste premiére jeunesse: quand je la désolerons, à quoi ça sarvira-t-i? .... Suzette!

SUZETTE *gracieusement.*

Plaît-il, M. Simon?

SIMON

SIMON *à part, en la fixant.*

Stenpendant q'i c'est dommage!

SUZETTE.

Qu'est-ce que vous voulez?

SIMON.

Je voulons.... je voulons vous rendre contente.

SUZETTE *avec vivacité.*

Est-ce que vous allez chercher Colin?

SIMON.

Pas tout-à-fait; mais....

SUZETTE.

Dites donc.

SIMON.

Je causerons de lui avec le Papa, & je manigancerons ça si bian....

SUZETTE *lui sautant au cou.*

Que je vous aimerai, M. Simon!

(Colin paroît.)

SIMON *à part.*

Queu Commere!

SUZETTE.

Ah! tenez, voici Colin.

SCENE XI.

SUZETTE, SIMON, COLIN.

COLIN *du fond du Théâtre, avec douleur.*

Ciel!

SUZETTE *l'appellant.*

Colin, Colin!

COLIN.

Vous êtes trop bien avec M. Simon.

SIMON *à part.*

Il eſt jaloux, ça eſt riſible.

SUZETTE.

Avance, avance ; je ſerai encore mieux avec toi.

COLIN.

Mais tout-à-l'heure....

SIMON.

Tu me fais pitié, mon pauvre garçon ; c'eſt pour l'amour de toi qu'on m'embraſſoit.

SUZETTE.

Oui, Colin, embraſſe-le auſſi, & le remercie bien ; il va parler à mon Pere pour toi, pour moi....

COLIN.

Eſt-il poſſible ?... Ah !... je ne ſçais.... Suzette !... M. Simon....

SUZETTE.

Il ne peut pas achever ; voyez comme il m'aime !

COLIN.

Que d'obligations !

SIMON *à part.*

Ça coûte.... n'importe.

COLIN.

Allons de ce pas....

SIMON.

V'la juſtement l'ami Blaiſe.

SCENE XII.

SUZETTE, SIMON, COLIN, *tous trois à l'écart.* BLAISE, LE BAILLI.

(Le Bailli rêve.)

BLAISE.

QUEU plaisir d'être riche, ou de pouvoir le devenir ! Ventregué ! depuis qu'on sçait mon aventure dans le Village, c'est à qui me fera le plus de caresses.

ARIETTE.

On me fête, on me cajole,
L'un me sourit, l'autre me prend la main :
» Mon bon ami, mon bon voisin !
Rien n'est si drole ;
Chacun m'offre son bien
Pour avoir part au mien.

Mais je ne serons point leur dupe.

COLIN *à Simon.*

Parlez donc, M. Simon.

SIMON.

Un instant.

BLAISE.

Oh ! ça, M. le Bailli, vous m'aiderez donc de vos conſeils ?

SIMON *pouſſé par Colin.*

Monſieur Blaiſe !

LE BAILLI *toujours gravement.*

Je vous en aiderai, mon ami, je vous en aiderai.

BLAISE.

De vos meilleurs ?

LE BAILLI.

Ne vous inquiétez pas.

BLAISE.

C'eſt que c'eſt bian embarraſſant, oui-da ! Je ne m'étonnons point ſi les plus riches ne paroiſſent pas les plus contens ; l'envie ſeule que j'ai de l'être me baille un tintoin . . . .

LE BAILLI.

Ne vous inquiétez pas, vous dis-je, c'eſt mon fort que les conſeils, & chacun s'eſt toujours bien trouvé de ceux que j'ai donnés. . . . par la raiſon . . . . que . . . . mes conſeils ſont excellens.

BLAISE.

Tant mieux.

LE BAILLI.

Il n'y a point de Procureurs, d'Avocats, de Notaires qui osent joûter contre moi.

BLAISE.

Voyons donc ça.

LE BAILLI.

Je ne dis souvent qu'un mot, mais ce mot porte sentence.

BLAISE.

Tant mieux, tant mieux. (*Appercevant Suzette & Simon.*) Quoi ! vous v'la ici vous autres? Bon jour, Simon. (*Colin se cache derriere lui.*) Qu'est-ce qu'il y a, Suzette? (*à Simon.*) L'aimes-tu toujours, toi?

SIMON.

Oui; mais il y a de par le monde un certain M. Colin... (*Il pousse Colin devant Blaise.*)

BLAISE *l'examinant.*

Qui l'aime aussi, n'est-ce pas?... Suzette! (*Il la fait passer entre lui & le Bailli, qui la regarde amoureusement.*) Je suis votre sarviteur, M. Colin.

SUZETTE.

Mon Pere!

COLIN.

Monsieur Blaise!

SIMON.

Ma foi, Colin eſt ſon fait.

BLAISE.

Laiſſons-ça ; je ſuis en affaire avec M. le Bailli, & tu ſçauras pourquoi. D'ailleurs j'ons des vuës pour Suzette, puiſque tu n'en veux plus.

COLIN.

AIR.

Ah ! faites mon bonheur,
Et croyez que mon cœur
Partagera ſans ceſſe
Entre Suzette & vous
Ses ſoins & ſa tendreſſe !
Uniſſez nous :
Je meurs, ſi je n'en ſuis l'époux.

Voyez combien je l'aime !
Ne pouvoir obtenir
L'objet de ſon deſir
Eſt un tourment extrême.

COLIN & SUSETTE *enſemble*.

Ah ! faites mon bonheur,
Et croyez que mon cœur
Partagera ſans ceſſe
Colin. Entre Suzette & vous,
Suzette. Entre Colin & vous.
Ses ſoins & ſa tendreſſe.
Uniſſez-nous :
Colin. Je meurs ſi je n'en ſuis l'époux.
Suzette. Je meurs s'il n'eſt pas mon époux.

BLAISE *attendri.*

Que me conseillez-vous, M. le Bailli?

LE BAILLI.

Mais les Parties contractantes me semblent assez se convenir.

SUZETTE *d'un ton très-caressant.*

Mon petit Papa.

BLAISE.

Mon petit Papa .... Allons, vas, tu seras Madame Colin, pourvu stenpendant que ça soit du goût de ta Mere: car ....

SUZETTE.

Je ne la serai donc jamais!

COLIN.

Je suis perdu!

BLAISE.

Eh bian! je l'y détarminerons; vous n'aurez qu'à revenir: allez-vous-en. (*à Simon.*) Reste, toi. Rien ne finira de la journée.

(*Suzette & Colin sortent.*)

SCENE XIII.

SIMON, BLAISE, LE BAILLI.

SIMON.

QU'est-ce, voisin? on dit que tu vas.... que vous allez devenir gros Seigneur?

BLAISE.

Oui, mon ami, c'est ce que j'voulions te communiquer; ça dépend de moi, j'allons y travailler avec M. le Bailli, & tu n'es pas de trop pour ça.

LE BAILLI.

Un moment, un moment.

SIMON.

Un trésor ....

BLAISE.

Faut, dis-tu, que je souhaite un trésor ? ça ne seroit pas si mal.

SIMON.

Nenni, puisque tu l'as déja.

BLAISE.

Non, que je sçache; mais il ne tiant qu'à moi.

SIMON.

Margot pourtant m'a dit ....

BLAISE.

Margot est une folle.

SIMON.

C'est ce qu'i m'a paru.

SCENE

SCENE XIV.

SIMON, BLAISE, LE BAILLI, MARGOT.

MARGOT.

(*A Blaise.*)

GRAND marci.... (*à Simon.*) Encore ici, vieux....

BLAISE.

Eh! pourquoi non, ma femme? Simon a queuqu'esprit, il nous aidera; aussi bian M. le Bailli se creuse-là la tête depuis une heure sans rien trouver, & tu sçais....

LE BAILLI.

De la modération, mes enfans..... Trois souhaits, dites-vous?

BLAISE & MARGOT.

Oui.

SIMON.

Que voulez-vous dire avec vos trois souhaits? si c'est-là ce trésor....

MARGOT.

Justement.

BLAISE *à Simon.*

J'allons t'expliquer ça. (*Il lui parle à l'oreille.*)

MARGOT *au Bailli, pendant que Blaise met Simon au fait.*

M. le Bailli, n'allez pas écouter Blaise; c'est une bonne bête qui ne sçait pas ce qu'i lui faut. Tenez, je ne suis qu'une femme, moi, mais j'ai plus de bon sens dans mon petit doigt....

LE BAILLI *en pesant ses paroles.*

Quelle vivacité! oh! que ce n'est pas de la sorte que les affaires se traitent!

SIMON *au fait.*

Diantre, M. Blaise!

BLAISE *au Bailli.*

Eh! bian?

SIMON *à part.*

Je sis curieux de voir la fin de tout ceci.

LE BAILLI *à Blaise.*

Ne me troublez point.

BLAISE.

Tenez, asseyons-nous à ce bout de table, M. le Bailli; ça vous viandra peut-être mieux comme ça. Margot, vas nous querir du vin.

SIMON.

Bonne pensée!

BLAISE.

Et ces petits poissons que tu sçais.

(Margot sort.)

SIMON.

Vin porte conseil.

LE BAILLI.

Cela arrive par fois; par fois aussi .... cela n'arrive point; au contraire, il y a des cas.... & cela dépend des circonstances, où le vin... fût-ce le meilleur, ne ſçauroit .... abſolument, quoiqu'on en boive .... mais j'eſpere ....

BLAISE *voyant Margot qui apporte ce qu'il lui a demandé.*

Ah ! bon.

SIMON.

Place, place ! Aidons à Madame.

MARGOT *ſe rengorgeant.*

Madame ! V'la ce que c'eſt.

BLAISE *au Bailli qui ſe dérange.*

Reſtez, reſtez.

(On étend une nappe jaune que chacun tire à ſoi pour la faire cadrer à la table. Le Bailli, Blaiſe, Simon ſont aſſis, Margot reſte debout, & va de l'un à l'autre.)

Plus j'approche de l'inſtant, plus je ſis embarraſſé.

LE BAILLI.

C'eſt l'ordinaire.

SIMON & BLAISE.

Buvons.

LE BAILLI *leur arrachant la bouteille, & ſe verſant à lui ſeul.*

Meſſieurs, Meſſieurs, de la modération.

SIMON.

M'eſt avis que vous en avez un peu trop, M. le Bailli.

MARGOT.

Dépêchez-vous donc.

LE BAILLI *après avoir bû très-promptement.*
Je ne peux pas aller plus vîte.

SIMON.
Il n'y a pas d'homme plus habile.

LE BAILLI.

TRIO.

Trois ſouhaits ne ſont pas
Une petite affaire.

MARGOT.
Faut-il tant d'embarras?
Laiſſez, laiſſez-moi faire....

BLAISE.
Veux-tu, veux-tu te taire?

LE BAILLI.
Ne précipitons rien,
La prudence
En tout fait bien.
Silence!

MARGOT.
Ecoutons
Et voyons
Si ce qu'il nous va dire
Eſt ce que je deſire.

BLAISE.
Que de façon!
Tout nous eſt bon.

LE BAILLI.
Patience!

BLAISE.

Monsieur le Bailli ....

MARGOT.

Paix, mon cher mari :
Tout dépend de ce moment-ci.

LE BAILLI.

A votre aise.

(Il se fait un assez long silence, pendant lequel Simon éclate de rire : on lui fait signe du doigt de se taire.)

LE BAILLI *reprend.*

Souhaite, Blaise ....

MARGOT *vivement & avec joie.*

Nous y voici, nous y voici !

LE BAILLI.

Premiérement, ta cave bien remplie ....

MARGOT.

Non, c'est trop peu....Margot toujours jolie.

BLAISE.

Nenni, nenni.
Je veux une fortune ;
Si femme gentille en est une,
C'est moins pour un mari
Que pour un favori.

LE BAILLI.

Je pense ainsi.

BLAISE.

Toutes ces pensées-là n'avancent pas la besogne.

MARGOT.

Non vraiment.

SIMON.

Achevons la bouteille, c'eſt peut-être au fond.

BLAISE.

Tant que vous voudrez, pourvu que ça vienne : mais il ne faut pas toujours boire ſans manger. Tenez, M. le Bailli, prenez-moi ce petit poiſſon, c'eſt le plus gros; j'voudrions pouvoir faire mieux, mais demain....

LE BAILLI *mangeant.*

C'eſt bon, c'eſt bon.

BLAISE.

Encore, que n'avons-je à la place (car je ſçais que vous les aimez,) là.... une belle Anguille!

(Il en paroît une dans le plat.)

MARGOT.

ARIETTE.

Une Anguille!

BLAISE.

Foin de moi!

SIMON.

Comment!

LE BAILLI.

Toute rôtie.

MARGOT.

Me voilà bian lotie.

SIMON.

Elle eſt ma foi
Excellente.

LE BAILLI *suçant ses doigts.*

Succulente !

MARGOT.

L'étourdi !

SIMON *à Margot.*

Goûtez-y.

BLAISE.

J'enrage !

MARGOT.

Le nigaut !

BLAISE.

Eh ! Margot !

MARGOT.

Le magot !

LE BAILLI *après avoir bû.*

Point de tapage.

MARGOT.

Admirez son ouvrage !

BLAISE.

Deux autres souhaits encor....

MARGOT.

Le butord !

LE BAILLI *un peu yvre.*

Ah !... ah !.... point de tapage:
Il est un reméde à cela....

(*Tous écoutent.*)

On la mangera.

MARGOT.

Une Anguille !

SIMON.

Ça m'étonne !

MARGOT *à Blaise.*

Oh ! ſi j'étois moins bonne,
T'étranglerois,
Je t'aſſomerois.

SIMON.

La bonne ame !

LE BAILLI *à Margot.*

Modérez-vous un peu.

MARGOT.

Morbleu !

BLAISE.

La voilà toute en feu !

MARGOT.

Morbleu !
Nous verrions beau jeu !

BLAISE.

Ma chere femme !

MARGOT *très-en colére, les poings ſur les côtés.*

Hein ?

LE BAILLI.

Doucement, Madame Margot, doucement.

MARGOT.

Laiſſez-moi tranquille.

SIMON.

Je n'ai jamais rian mangé de ſi bon.

LE BAILLI.

Il en coûte un peu cher à notre hôte.

BLAISE.

J'ai tort, j'en conviens ; mais il nous reſte encore deux ſouhaits.

MARGOT.

MARGOT.

Deux diables.

BLAISE.

Ouais !

LE BAILLI *la bouche pleine.*

Quand vous crierez, il n'en ſera ni plus ni moins.

MARGOT.

Taiſez-vous, M. le Bailli. (*A Blaiſe.*) Mange, mange ton Anguille.

LE BAILLI *mangeant toujours.*

Il faut qu'il ſe dépêche.

BLAISE *à part.*

Je devrions bian ſouhaiter d'être veuf.

MARGOT.

Qu'elle te faſſe crever !

BLAISE.

La ſorciere !

MARGOT *avec un violent dépit.*

C'eſt vrai ; quand il peut ſouhaiter un Empire, de l'or, que ſçais-je ? il va ſouhaiter une Anguille... Vas, tu ne ſeras jamais.... je ne veux pas achever.

LE BAILLI.

Ah ! ah ! c'eſt trop fort.

MARGOT.

Si c'étoit à moi à ſouhaiter, tu verrois, tu verrois !

BLAISE.

Maudite bavarde ! chienne de langue ! puiſſes-tu devenir muette !

SIMON.

Ça seroit plaisant !

LE BAILLI.

Et fort rare.

MARGOT *voulant continuer ses invectives.*

Hon, hi, hon.

BLAISE *se jettant les coudes sur la table.*

Ah ! malheureux !

LE BAILLI *levant la tête.*

Oh ! oh !

SIMON *s'appuyant sur ses genoux, & riant de toute sa force.*

Et de deux : ah, ah, ah, ah.

LE BAILLI.

Ce que c'est que de n'avoir pas de modération.

(Margot de rage renverse les bancs, veut battre Simon, le Bailli, Blaise, & sort désespérée.)

SCENE XV.

SIMON, BLAISE, LE BAILLI.

LE BAILLI *après avoir ri avec Simon, pendant que Blaise reste sot.*

Si cela continue, je ne serai bientôt plus nécessaire ici. Cependant Me Blaise, je vous conseille à présent....

BLAISE *en frappant du pied.*

De me pendre.

LE BAILLI.

Cela regarde la Justice.

BLAISE.

Deux souhaits de pardus !

SIMON.

Ta femme au moins ne t'étourdira plus, c'est toujours ça de bon.

BLAISE.

Je sis un franc étourdi !

LE BAILLI.

Aussi vous ne me donnez pas le temps....

SCENE XVI.

SIMON, BLAISE, LE BAILLI, SUZETTE.

(*Blaise, jusqu'à ce qu'il parle, exprime ses regrets par des mouvemens variés.*)

SUZETTE *pleurant.*

HI, hi, hi, hi.

SIMON.

Qu'est-ce qui vous chagrine, ma belle enfant ?

SUZETTE.

C'est ma Mere.... hi, hi.

LE BAILLI.

Elle n'a dû vous rien dire.

SUZETTE.

Je viens de la rencontrer, je ne faisois point de mal, & elle m'a battue ; je lui ai demandé pourquoi, elle a recommencé sans me répondre.

SIMON.

Je le crois.

LE BAILLI.

Quand on n'a pas de bonnes raisons, on fait prudemment de se taire.

SUZETTE.

Oh ! mais mon Papa me dédommagera de cela .... Colin n'est pas encore ici ?

BLAISE *à part.*

J'ons souhaité tout ça par mégarde !

SUZETTE.

Quoi donc, M. Simon ! est-ce que vous m'auriez oubliée ?

BLAISE.

Quel sera mon darnier souhait ?

LE BAILLI *chancelant.*

Je serois d'avis....

BLAISE.

Il m'en restoit deux, il faut qu'alle jase !

SIMON.

Ça ne lui arrivera plus.

SUZETTE.

On ne m'écoute point...Papa...M. Simon... M. le Bailli.

(Le Bailli rêvant, fait un geste pour lui imposer silence.)

SIMON.

Suzette, vous venez dans un mauvais moment: une Anguille....

SUZETTE.

Eh bien! qu'est-ce que cela fait?

SIMON.

Que trop, pargué! Je l'ons mangée, cette Anguille, aux dépens d'un des souhaits de votre Pere; Margot votre Mere a pardu la parole aux dépens du second; & le troisiéme....

SUZETTE.

Et le troisiéme sera pour que j'aie Colin.

SCENE XVII.

SIMON, BLAISE, LE BAILLI, SUZETTE, COLIN.

COLIN *à Simon.*

ENFIN consent-on?...

SIMON *le renvoyant à Blaise.*

Demandez, demandez.

COLIN *à Blaise.*

Avez-vous eu la bonté....

BLAISE.

Coquine de Margot!

COLIN.

Que dit-elle?

LE BAILLI.

Elle ne dit plus rien.

BLAISE.

Dont bian me fâche !

SIMON.

V'la un regret qui n'eſt pas ordinaire.

COLIN *à Suzette qui eſſuye quelques larmes.*

Ma chere Suzette !... vous pleurez ! ne puis-je ſçavoir au moins ....

SIMON.

Tenez, tenez, voici Madame Margot qui vous expliquera la choſe, ſi elle peut.

SCENE XVIII. & derniére.

SIMON, BLAISE, LE BAILLI, SUZETTE, COLIN, MARGOT, UNE COMMERE.

LA COMMERE *du fond du Théâtre.*

Nous allons voir ça, nous allons voir ça.... Quoi, Me Blaiſe ! comment ! qu'eſt-ce ? la pauvre Margot que je vous amenons ne peut plus parler, & c'eſt vous qui en êtes cauſe ! Ah ! v'la un vilain tour, mon Compere ; ſi mon Mari m'en avoit fait autant, jarni ! ...

BLAISE.

Taiſez-vous. Venez-vous morgué pour que je vous ſouhaitions la même choſe, & que tout ſoit dit ? Mais, non, j'agirons ſte fois-ci (*regardant le Bailli*) avec plus de modération.

LE BAILLI.

C'eſt ce que je me tue de recommander.

BLAISE *de mauvaiſe humeur, à ſa femme qui geſticule.*

Tous tes ſignes....

LA COMMERE.

Ah ! ne la chagrinez pas davantage, c'eſt bian aſſez.

SEPTUOR. *

Voyez ſa peine,
L'horrible gêne !

BLAISE

Eſt-ce ma faute à moi ?

COLIN *à Suzette.*

Qu'allons-nous devenir ?

SUZETTE *à Blaiſe.*

Laiſſez-vous attendrir !

MARGOT.

Hon, hon.

BLAISE.

Allons, faiſons-nous Roi !

LA COMMERE.

Voyez ſa peine.

BLAISE *à Margot.*

Veux-tu devenir Reine ?

---

* *C'eſt le terme en Muſique,*

LE BAILLI.

Reine, & ne point parler ! Non, non.

MARGOT *tournant la tête en signe de négative.*

Hon, hon.

LA COMMERE.

Ah ! mon Compere,
Toujours se taire !

SIMON.

C'est bien sensible :
C'est impossible !

MARGOT.

Hon, hon.

TOUS.

Pardonnez-lui !

BLAISE.

Non, non.
C'est bian facile à dire....
Vous me priez en vain :
Plus qu'un souhait !

SIMON *à part.*

De son chagrin
Je ne puis m'empêcher de rire.

LE BAILLI.

Je crois bien que c'est un martire.

BLAISE *à part.*

Son sort me fait pourtant pitié.

SIMON.

Ah ! par notre amitié !

COLIN

COLIN *montrant Suzette.*

Par notre amour !

BLAISE.

Femme muette,
Combien en voudroient faire emplette !

LA COMMERE.

Regardez-la !

SIMON.

Quelquefois cependant
Ça jase joliment.

LE BAILLI.

Certainement.

BLAISE.

Est-ce avec des paroles
Qu'on chasse les Huissiers ?
Il nous faut des pistoles
Pour contenter nos Créanciers.

MARGOT *se jettant aux genoux de Blaise, & la Commere la relevant aussitôt, en haussant les épaules sur elle.*

Hon, hon.

BLAISE *à part.*

Oh ! la friponne,
Comme elle fait la bonne !

TOUS.

Pardonnez-lui.

BLAISE.

Non, non.

MARGOT *plus fort.*

Hon, hon.

BLAISE.

Non, non.

MARGOT *en colére fait des contorſions.*

SUZETTE.

Maman, appaiſez-vous. (*Margot l'embraſſe, & la pouſſe devant Blaiſe.*) Papa, vous êtes ſi bon!

BLAISE.

D'accord : mais dans ce cas-ci il n'y a bonté qui tienne. Faites tous attention : plus qu'un ſouhait! Je reſterons donc toujours Blaiſe?

SIMON.

Et Margot toujours Margot; le grand malheur!

LA COMMERE.

Pardi, ces noms-là en valent bian d'autres.

SUZETTE.

Pour moi, je ne demande pas mieux que d'être toute ma vie Suzette, pourvu que j'aie Colin.

COLIN *avec feu.*

Ah! Suzette!

BLAISE.

Trois ſouhaits, & pas un à notre profit!

LA COMMERE.

Vous aurez la paix, votre femme vous aimera bian, alle fera tout ce que vous voudrez, pour peu qu'alle le veuille itou.

BLAISE *à Margot.*

Bian vrai?

MARGOT.

Hi, hi, hi.

LA COMMERE *à Blaiſe.*

Elle dit oui. Ferme!

BLAISE *héſitant.*

Allons je ſouhaite....

LA COMMERE.

Pourſuivez donc.

BLAISE.

J'enrage !

LE BAILLI.

Si vous aviez ſuivi mes conſeils....

SIMON.

(*Ironiquement.*) Sans doute.... Mais tiens, voiſin, pour que tout le monde ſoit content, rends-lui la parole à condition qu'elle conſentira au mariage de Suzette avec Colin.

COLIN & SUZETTE *avec inſtance.*

Oui.

BLAISE *à Margot.*

Y conſens-tu ?

MARGOT.

Hi, hi.

BLAISE.

Dit-elle oui ?

LA COMMERE.

Eh ! oui : quel homme !

BLAISE *héſitant encore.*

Je ſouhaite ... que ma femme ... redevienne femme.

LA COMMERE.

Ça ne dit pas aſſez, vous voyez qu'alle n'en parle pas plus.

LE BAILLI.

Il faudroit ſpécifier....

BLAISE.

Jupiter donc, je souhaite.... je souhaite que vous rendiez la parole à ma femme. (*Il fait un grand soupir.*)

MARGOT *avec un grand soupir aussi.*

Ouf ! ah, mon cher ami ! mon cher Blaise, mon petit homme, embrasse-moi...encore ; & vous, Simon ; & toi, Colin ; & vous, M. le Bailli ; & toi, Suzette ; & toi, ma Commere, & moi aussi. Je consens à tout, je ne m'oppose à rien ; tu t'es bian fait prier, je devrions t'en vouloir, mais fi de la rancune, v'la qu'est fini. (*à Blaise.*) Donne-moi la main. (*A Colin & à Suzette.*) Donnez-moi les votres, aimez-vous, mes enfans ; je vous l'ons défendu, je vous l'ordonnons...

BLAISE.

Tatigué !

LE BAILLI.

Comme un charme !

SIMON.

Aurons-nous notre tour ?

MARGOT.

Laissez-moi donc parler ; qu'est-ce que je disions ? vous me l'avez fait perdre.

SIMON.

Eh bian ! dites autre chose.

BLAISE.

Eh ! en v'la assez.

LA COMMERE.

Lui avez-vous rendu la parole pour qu'alle ne parle pas ? Faut de la justice aussi, Me Blaise.

LE BAILLI.

Justice! oh! elle a raison.

BLAISE.

Ça ....

MARGOT.

Je t'approuve, on ne peut pas mieux parler, ça sera comme tu vians de dire; je suis honnête femme, je ne donnerons point un démenti à notre Commere, alle a répondu pour moi, c'est tout un; & pis d'ailleurs ça me plaît: car tu sens bian ....

SIMON.

Courage!

BLAISE *se mordant les doigts.*

Morgué!...c'est notre faute, il n'y a plus de remede. (*d'un ton doux.*) Veux-tu écouter?

MARGOT.

Parle, mon Roi, parle; est-ce que ce n'est pas à un mari à parler? Sans contredit. Mais voirement, il feroit biau de disputer ça, oh dame, c'est que je ne serions pas pour l'endurer, non. Parle, parle.

BLAISE.

Tais-toi donc.

MARGOT.

Ah! Blaise, je te dis de parler, & tu me dis de me taire.

SIMON *éclatant de rire.*

Ah, ah, ah, ah.

BLAISE.

Tous ces ris-là ne payeront point mes dettes; si j'étions riche, je ne nous en soucierions guére.

SIMON.

C'est l'usage.

LE BAILLI.

Allons, allons, car il faut conclure. Puisque mes conseils ne vous ont servi de rien, je veux vous être utile d'une autre façon, & je me charge d'obtenir du tems de vos Créanciers. Travaillez, Blaise.

SIMON.

V'la un bon avis stila.

BLAISE.

ARIETTE.

Reprenons gaiment, reprenons
Le chemin de notre chaumiére,
Consolons-nous; ces bras sont bons,
Ils écarteront la misére.

Du vin, de la gaité,
Ménagere gentille;
Sur-tout de la santé,
C'est par où Blaise brille;
De la tranquillité,
Tout le reste est vétille.

Reprenons, &c.

SUZETTE.

Maman, à quand notre noce?

LE BAILLI.

Eh! eh!

MARGOT *avec sa volubilité ordinaire.*

Dans l'instant; laisse-moi faire, j'ons vu ton bon cœur & celui de Colin, ça m'a touchée; il est joli garçon, il te plaît, il me plaît aussi, embrasse-le! fort bian. Je ne serons point grosse Dame, ni Blaise gros Monsieu, il n'y a peut-être pas tant de mal.

VAUDEVILLE.

MARGOT.

MARIS qui querellez sans cesse,
Vous nous poussez bientôt à bout:
Que la paix jointe à la tendresse
De nos devoirs nous fasse un goût.
Autrement garre la vengeance,
Des femmes c'est le vrai ragoût.
Trop de pétulance
Gâte tout.

SIMON.

VIEILLARDS, renoncez à l'épreuve
D'un feu léger qui s'éteindroit;
N'épousez ni fille ni veuve,
Car votre honneur en souffriroit.
Vous voulez vous mettre en dépense,
Et pour l'hymen il faut beaucoup.
Trop de pétulance
Gâte tout.

LA COMMERE.

L'Amour, ce Dieu de la jeunesse,
Tente nos cœurs par ses attraits,
On se livre à sa douce yvresse :
Pour l'avenir que de regrets!
Le Printemps à peine commence,
Le Plaisir fuit, vient le Dégoût:
Trop de pétulance
Gâte tout.

LE BAILLI.

Supôts de la chicanne ingrate
Sont animaux à ménager,
Redoutez leur funeste patte,
Ils sont si prompts à vous gruger.
Un Plaideur crie à toute outrance,
Un mot, un rien, il se résout :
Trop de pétulance
Gâte tout.

SUZETTE.

Tendrons qu'une Maman domine,
Sur votre choix, sçachez tromper;
A l'époux qu'elle vous destine,
C'est le moyen seul d'échaper.
Doucement & dans le silence
Vous en alliez venir à bout :
Trop de pétulance
Gâte tout.

COLIN.

Galans, auprès d'une cruelle
Conduisez bien l'art des soupirs,
Pour gagner le cœur de la Belle
Mettez un frein à vos desirs.

Le

Le Timide, en tremblant, s'avance,
L'Entreprenant manque son coup:
Trop de pétulance
Gâte tout.

BLAISE.

RICHARDS qui faites grand tapage,
Blaise est pour vous une leçon;
J'aurois pu, me montrant plus sage,
Quitter l'état de Bucheron.
De vos biens, malgré l'abondance,
Vous trouverez dans peu le bout:
Trop de pétulance
Gâte tout.

SUZETTE.

AUTEURS avides de suffrage
Pour parvenir à votre but;
Dans la route où la gloire engage
Ne pressez pas trop le début;
Du Public qui tient la balance
Etudiez long-temps le goût:
Trop de pétulance
Gâte tout.

FIN.

APPROBATION.

J'*Ai lû, par ordre de Monseigneur le Chancelier* Le Bucheron, ou les trois Souhaits, Comédie; *& je crois qu'on peut en permettre l'impression. A Paris, ce 3 Mars 1763.* MARIN.

THEATRE.

COMEDIE ITALIENNE.

Le Bucheron ou les trois Souhaits, Comédie en un Acte, mêlée de chant. La musique de M. Philidor; représentée pour la premiere fois le 28 Février 1763. 1 l. 4 s.

De M. SEDAINE.

Le Roi & le Fermier, Comédie en trois Actes, représenté en Novembre 1762. . . 1 liv. 4 s.

Les Airs gravés. . . . . 1 liv. 16 s.

La Partition générale. . . . .

Le Jardinier & son Seigneur, Opera-Comique en un Acte, avec les Airs gravés & le Vaudeville . . . 1 liv. 4 s.

L'Huitre & les Plaideurs, ou *le Tribunal de la Chicane*, Opera-Comique en un Acte, mêlé de morceaux de Musique & de Vaudevilles. La Musique des Ariettes & du Vaudeville s'y trouve gravée. . . . . 18 sols.

Les Ariettes gravées . . . . 12 s.

On ne s'avise jamais de tout, Opera-Comique, avec Ariettes gravées & Vaudeville . . . 1 liv. 4 sols.

De M. ANSEAUME.

Mazet, Comédie, mêlée d'Ariettes. . . 1 liv. 4 s.

L'Isle des Foux, Comédie, mêlé d'Ariettes. . . 1 liv. 4 s.

De M. QUETANT.

Le Maréchal ferrant, avec les Airs gravés. . . 1 l. 4 s.

De M. DELAUTEL.

Le Forgeron, Opera-bouffon, Parodie du Maréchal. 1 l. 4 s.

Finfin & Lirette. . . . . . 15 sols.

De M. TACONET.

L'Impromptu de la Foire ou les Bonnes Femmes, repréminére fois le 4 Mars 1763. . . 12 sols.

Le Compliment de Nicette, réprésenté le 3 Févr. 1763. 12 s.

Le Bouquet de Louison. . . . 1 liv. 4 sols.

Le Juge d'Anieres. . . . . . 15 sols.

L'impromptu du jour de l'An. . . 15 sols.

Mémoire d'un Frivolite, en deux parties. . . 1 l. 4 s.

Le Chansonnier François, ou Recueil de Chansons Vaudevilles & autres Couplets choisis, avec les Airs notés à la fin de chaque Recueil, (in-12.)

ARIETTES ET VAUDEVILLES

DU BUCHERON ou LES TROIS SOUHAITS

Comedie

ARIETTE

Andante

Nanette au bois tout en sautant Cueil loit et

caissoit la noisette Un gros loup vint elle fuit

a l'instant Un beau ber-ger suit la fo -

let te la fo-let-te Autre ac-ci dent Ah! la pau -

vret-te la pau vret te Ah le méchant! Ah le méchant.

Vaudeville en Romance — un peu Lent

Colin a des yeux charmans sur tout

lorsqu'il me re gar de Je fuis les au tres A -

mans Avec lui je me ha zar - de En fin

voyez vous en fin C'est un plaisir d'aimer co lin
Mineur
Il faut l'enten dre chanter Fait en quelque
chanson net - te Je ne veux point l'écouter Si Co-
Refrain
lin ne la ré pet - te En fin voyez vous en fin.
C'est un plaisir d'ai mer Co-lin.
Majeur
Co - lin ne né gli - ge rien; Si je
veux al - ler plus vi - te. Sous son bras il
prend le mien; Je sens son cœur qui pal-
pi - te. En fin, voy - ez vous, en fin,
C'est un plai sir d'ai mer co - lin.

VAUDEVILLE

Blaise

Margo

Maris, qui querellez sans cesse
Vous nous poussez bientôt à bout;
Que la paix joint à la tendresse
De nos Devoirs nous fasse un gout.
Autrement garre la Vengeance,
Des Femmes C'est le vrai ragout.
Trop &c.

Simon.

Vieillards renoncez à l'épreuve,
D'un feu léger qui s'éteindroit,
N'epousez ni fille ni Veuve,
Car votre honneur en souffriroit.
Vous voulez vous mettre en dépense
Et pour l'Hymen il faut beaucoup,
Trop &c.

La Commere.

L'Amour ce Dieu de la Jeunesse,
Tente nos cœurs par ses attraits,
On se livre a sa douce ivresse,
Pour l'avenir que de regrets!
Le Printems à peine commence
Le Plaisir fuit, Vient le Dégout:
Trop &c.

Le Bailli

Supôts de la Chicane ingratte
Sont Animeaux à ménager,
Redoutez leur funeste patte,
Ils sont si prompts à vous gruger!
Un Plaideur Crie à tout outrance
Un mot, un rien il se résout:
Trop &c.

Suzette.

Tendrons, qu'une Maman chagrine
Sur votre choix sçachez tromper,
A l'Epoux qu'elle vous destine
C'est le moyen seul d'échaper.
Doucement et dans le silence
Vous en allez venir à bout
Trop &c.

Colin

Galans, auprès d'une Cruelle
Conduisez bien l'art des soupirs,
Pour gagner le cœur de la Belle
Mettez un frein à vos desirs.
Le timide, en tremblant, s'avance
L'Entreprenant manque son coup.
Trop &c.

Suzette

Auteurs avides de suffrage
Pour parvenir à votre but
Dans la route où la gloire engage
Ne pressez pas trop le début
Du Public qui tient la balance
Etudiez long-tems le gout,
Trop &c.

AIRS DETACHÉS
Du Bucheron,
OU
LES TROIS SOUHAITS
Comédie en un Acte

Representée sur le Théatre Italien.

Mise de Musique

Par A. D. PHILIDOR

Prix 1 – 16

Gravés par Mme Vendôme *cidevant rue S.t Jacques, a présent rue S.t Honoré, vis-a-vis le Palais Royal.*

A PARIS

Aux adresses Ordinaires de Musique

Avec Privilége du Roi

A D Philidor

Vaudeville
Andante
Nanette, au bois, tout en sautant, cueilloit, et
cassoit la noisette; un gros loup vint, elle fuit a l'in
tant, un beau berger suit la folette, la follette,
autre accident, ah! la pauvrette! la pauvrette!
ah! le méchant! ah le méchant?
Air
Andante
Quel bruit hé - ce quel
bruit pour un bouquet qu'on me l'of-
-fris d'un air si ten - dre je ne puis
me deffen-dre d'en parer mon corset de

vois je m'attendre que maman s'en fache-
-roit je ne pus me def-fen-dre d'en-
-parer mon corset de vois je m'at
re que maman s'en facheroit que ma
man s'en facheroit quel bruit hier quel
bruit pour un bouquet quel bruit hi-
-er quel bruit pour un bouquet tu me l'of-
-fris d'un air si ten-dre je ne pus me def
fendre d'en parer mon corset de vois je m'at

ten=dre que maman s'en facheroit je
ne pus me deffendre d'en parer mon corset. de vois je m'at- ten dre que ma
man s'en facheroit que ma man S'en
Presto
fa cheroit ah dit elle en colere d'ou vient ce
bouquet la quelqu'un cherche a vous plaire je
n'entends point cela qu'on me le don =ne je
crois quelle rai sonne sa voix ses yeux tout
marquoit sa fureur je tremblois de frayeur
Dacapo

Con Giusto
Amoroso
Vois le chagrin le cha grin
qui me dé vo re qui me dé vo-re prens pi
tié de mes feux quand je t'ai me quand je t'a
do = = = re un autre hélas se roit heureux.
quand je t'aime quand je t'adore. un
autre hélas seroit heureux seroit heureux
minore
Passer toute ma vi e, belle Suzette, au près de
toi c'etoit ma seule en vi e c'étoit ma seule en
vi e j'eusse é té plus content qu'un Roi.

allegro
Plus de Bavolet plus de ba-vo=
let les den telles les plus belles les den
telles les plus belles ce juste me déplait ce
juste me de plait rob be trai nan te
trai nan te riches habits per-les ru=
bis a chaque oreille une pen dan te ah
Blaise ah Blaise ce se ra t'il bien
tot ce se ra t'il bien tot que je suis
aise que je suis aise saute margot saute

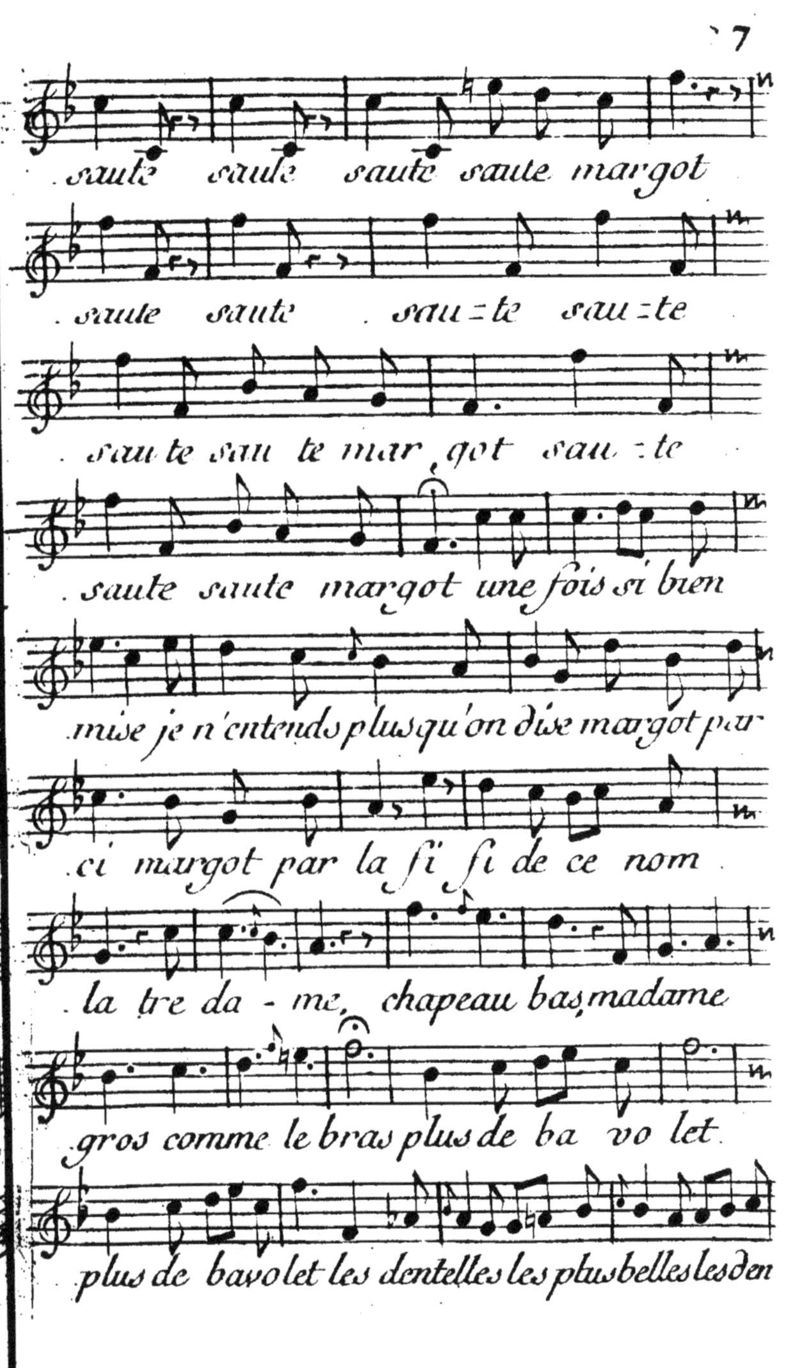
sauté saute sauté saute margot
saute saute sau=te sau=te
sau te sau te mar got sau=te
saute saute margot une fois si bien
mise je n'entends plus qu'on dise margot par
ci margot par la si si de ce nom
la tre da - me chapeau bas madame
gros comme le bras plus de ba vo let
plus de bavolet les dentelles les plus belles les den

telles les plus belles ce juste me de plait ce
juste me de plait rob be trainante
trainante ri ches ha bits per les ru=
=bis a chaque oreilles une pen dante ah.
blaise ah blaise ce se ra t'il bientôt ce se ra
t'il bientot que je suis aise que je suis
aise saute margot saute saute saute.
saute saute margot saute saute saute
saute saute margot saute saute saute margot.

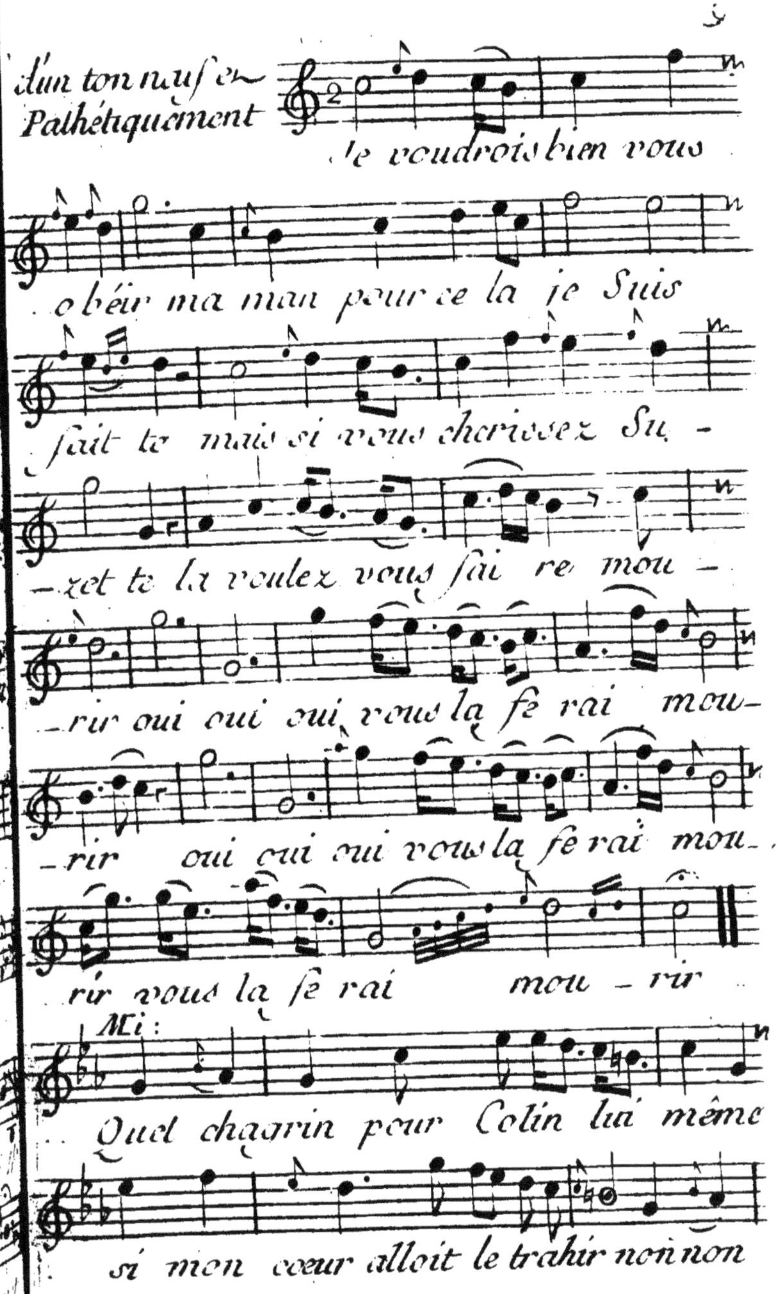

d'un ton naïf et
Pathétiquement

Je voudrois bien vous

obéir ma man pour ce la je Suis

fait te mais si vous cherissez Su -

- zet te la voulez vous fai re mou -

- rir oui oui oui vous la fe rai mou-

- rir oui oui oui vous la fe rai mou-

rir vous la fe rai mou - rir

Mi:

Quel chagrin pour Colin lui même

si mon coeur alloit le trahir non non

non je n'y puis consen tir quel mal
sais je donc quand je l'ai me
Vaudeville
en romance
Colin a des yeux char
mans sur tout lors qu'il me regarde je suis
les autres a mans a vec lui je me ha -
refrain
- zar - de en fin, voyez vous en fin
c'est un plai sir d'ai mer Co lin
Mineur
Il faut l'entendre chanter fait on quelque
chansonnet te je ne veux point l'écou ter

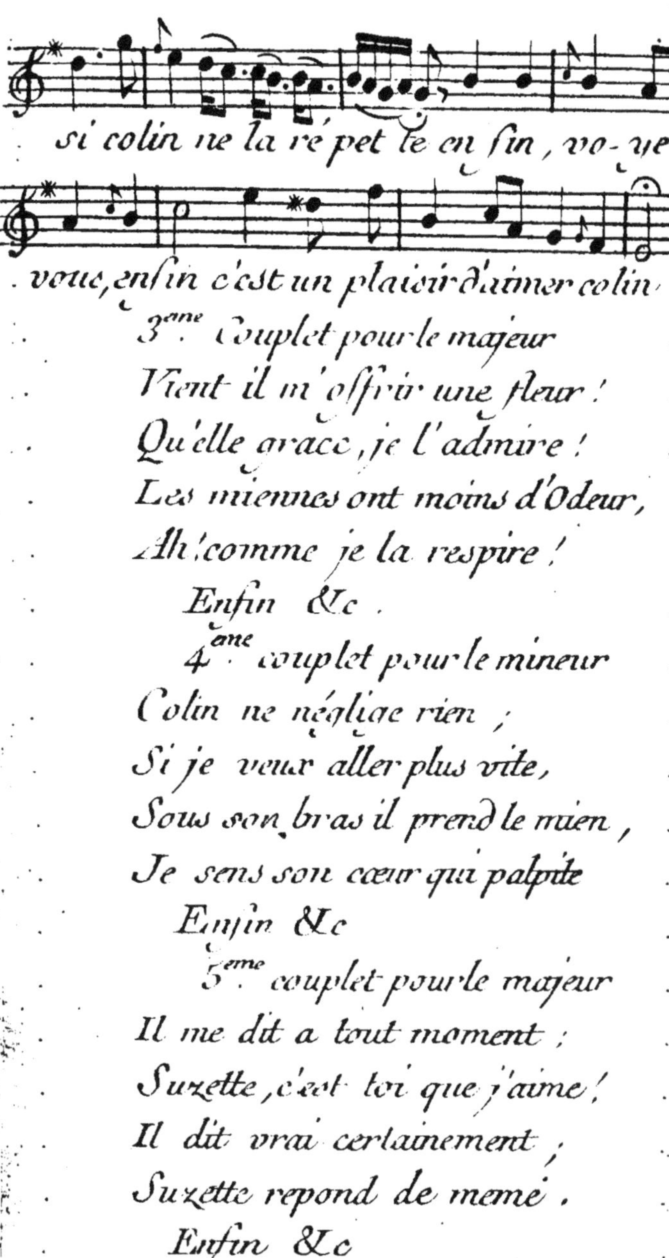

3eme. Couplet pour le majeur

Vient il m'offrir une fleur !
Qu'elle grace, je l'admire !
Les miennes ont moins d'Odeur,
Ah! comme je la respire !
Enfin &c.

4eme. couplet pour le mineur

Colin ne néglige rien ;
Si je veux aller plus vite,
Sous son bras il prend le mien,
Je sens son cœur qui palpite
Enfin &c

5eme. couplet pour le majeur

Il me dit a tout moment ;
Suzette, c'est toi que j'aime !
Il dit vrai certainement ;
Suzette repond de meme.
Enfin &c

Andante

Ah fai tes mon bonheur et croy

ez que mon cœur en tre Su

zet te et vous par ta ge ra Sans

ces se ses soins et sa ten

dres se u nis sez nous je

meurs je meurs si je n'en suis l'e

poux vo yez combien je l'ai me

ne pou voir ob-te nir l'ob jet de

son de sir est un tourment extrême

Suzette
13
Ah j'ai tes mon bon heur et cro
Ah j'ai tes mon bon heur et cro
yez que mon cœur en tre Co -
yez que mon cœur en tre Su -
- lui et vous sans ces
- zette et vous partagera sans ces se
se
ses soins et sa ten dres se

partagera sans ces se ses soins et sa ten
sa - ten - dres - - - - - -
dres se u nissez nous je meurs
se u nissez nous je meurs
je meurs s'il n'est pas mon Epoux je
je meurs si je n'en suis l'epoux je
meurs je meurs s'il n'est pas mon Epoux
meurs je meurs si je n'en suis l'epoux

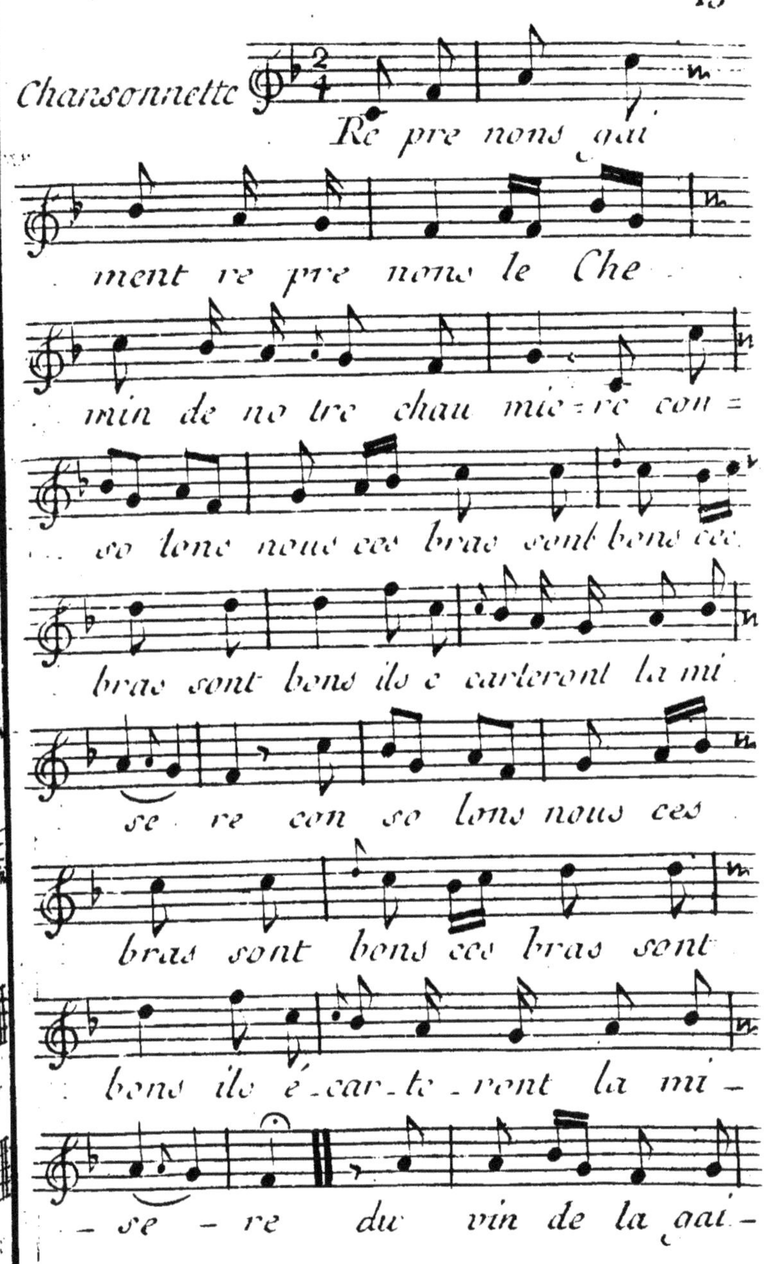
Chansonnette
Re pre nons gai
ment re pre nons le Che
min de no tre chau mie-re con=
so lons nous ces bras sont bons ces
bras sont bons ils e carteront la mi
se re con so lons nous ces
bras sont bons ces bras sont
bons ils é-car-te-ront la mi-
-se -re du vin de la gai-

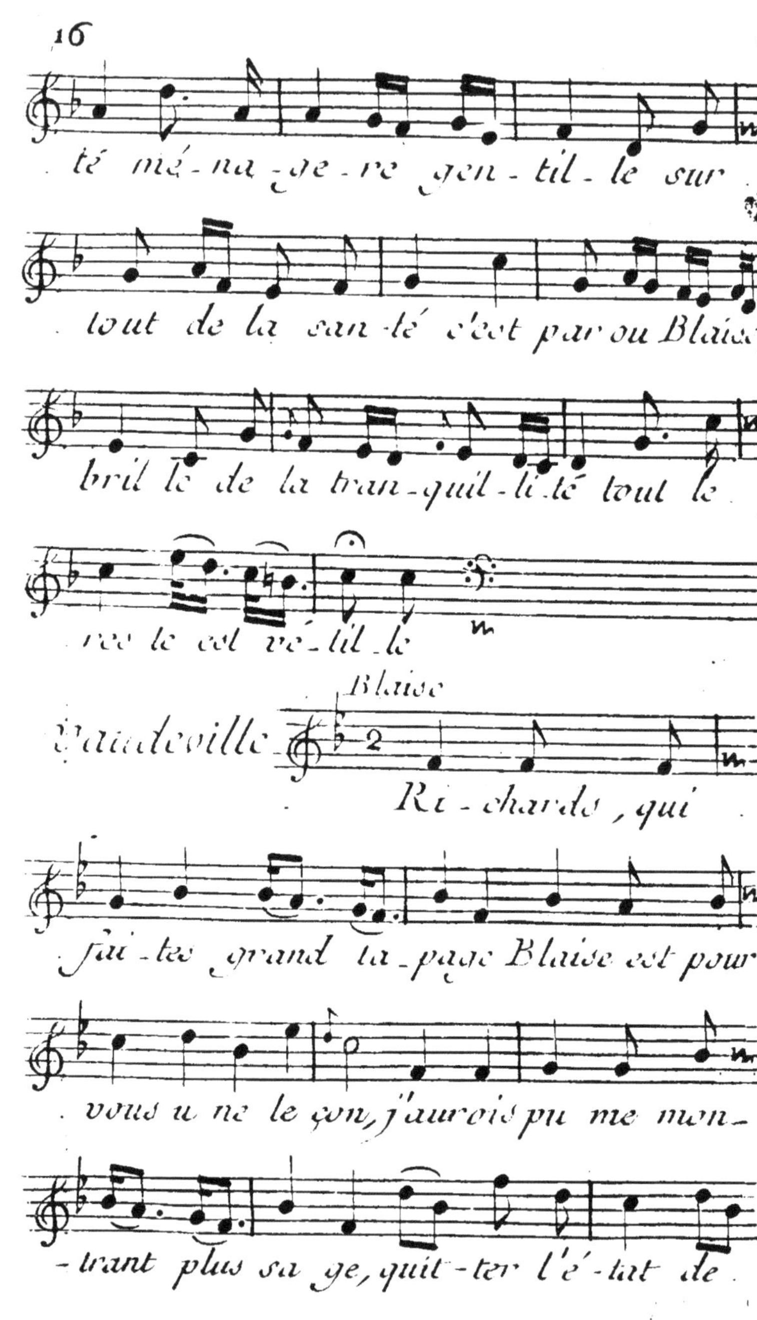
té mé-na-ge-re gen-til-le sur
tout de la san-té c'est par ou Blaise
bril-le de la tran-quil-li-té tout le
res-te est vé-til-le
Blaise
Vaudeville
Ri-chards, qui
fai-tes grand ta-page Blaise est pour
vous u-ne le-çon, j'aurois pu me mon-
-trant plus sa-ge, quit-ter l'é-tat de

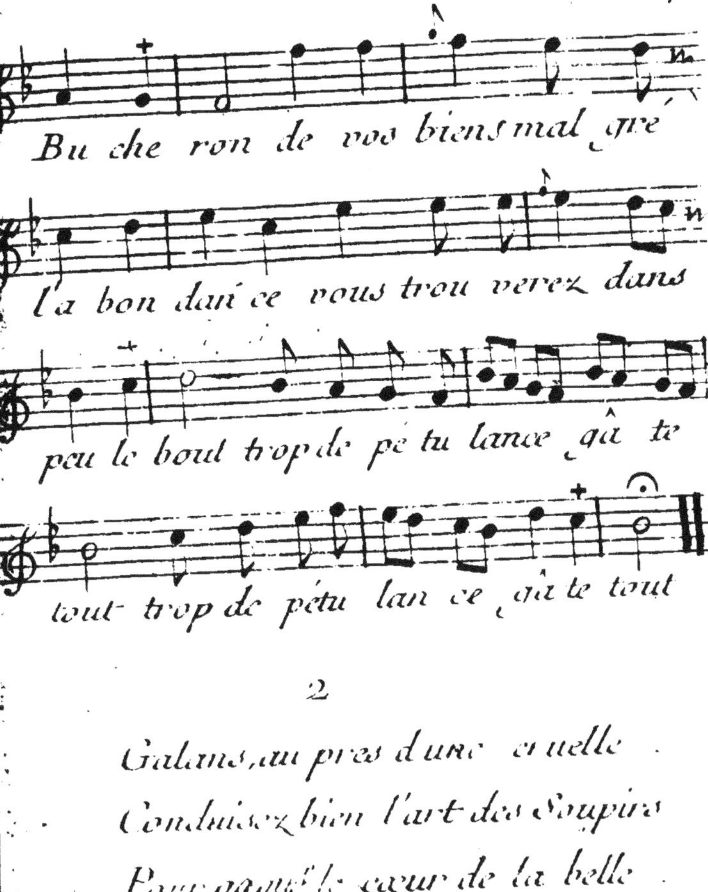

2

Galans, au pres d'une cruelle
Conduisez bien l'art des Soupirs
Pour gagner le cœur de la belle
Mettez un frein à vos desirs
Pas à pas le chemin s'avance
Celui qui court manque son coup
Trop de pétulance
Gâte tout

3

Tendrons qu'une maman chagrine
Sur votre choix scachez tromper,
A l'époux qu'elle vous destine
C'est le moyen seul d'échaper.
Doucement et dans le silence
Vous en alliez venir à bout
Trop de pétulance
Gâte tout

4

Auteurs, avides de Suffrage
Pour parvenir à votre but
Dans la route où la gloire engage
Ne pressez pas trop le début
Du public qui tient la balance.
Etudiez longtems le gout
Trop de pétulance
Gâte tout

5.eme Couplet au parterre

Messieurs, une piéce nouvelle
Ne brille pas toujours d'abord
Des acteurs échauffez le zéle
Vous les verrez prendre l'essor
Mûrissez par votre indulgence.
Un fruit qui vous paroit sans gout,
Trop de pétulance
Gâte tout

Maestoso
Dés le matin je prends en
main, ma lour de cogne je prends en
main ma lourde cognee et dans le
bois voisin toutte la journée toutte la journée je vais taillant coupant abattant coupant abattant han han coupant abattant han han
qu'on a de pei - ne

qu'on a de pei - ne
pour un petit gain pour un
petit gain Mais un peu de
vin me redonne halei - ne
mais un peu de vin me remet en
il boit
2
train Mais un peu de
vin me redonne halei - ne
Mais un peu de vin me redōneha=
lei . . . . =

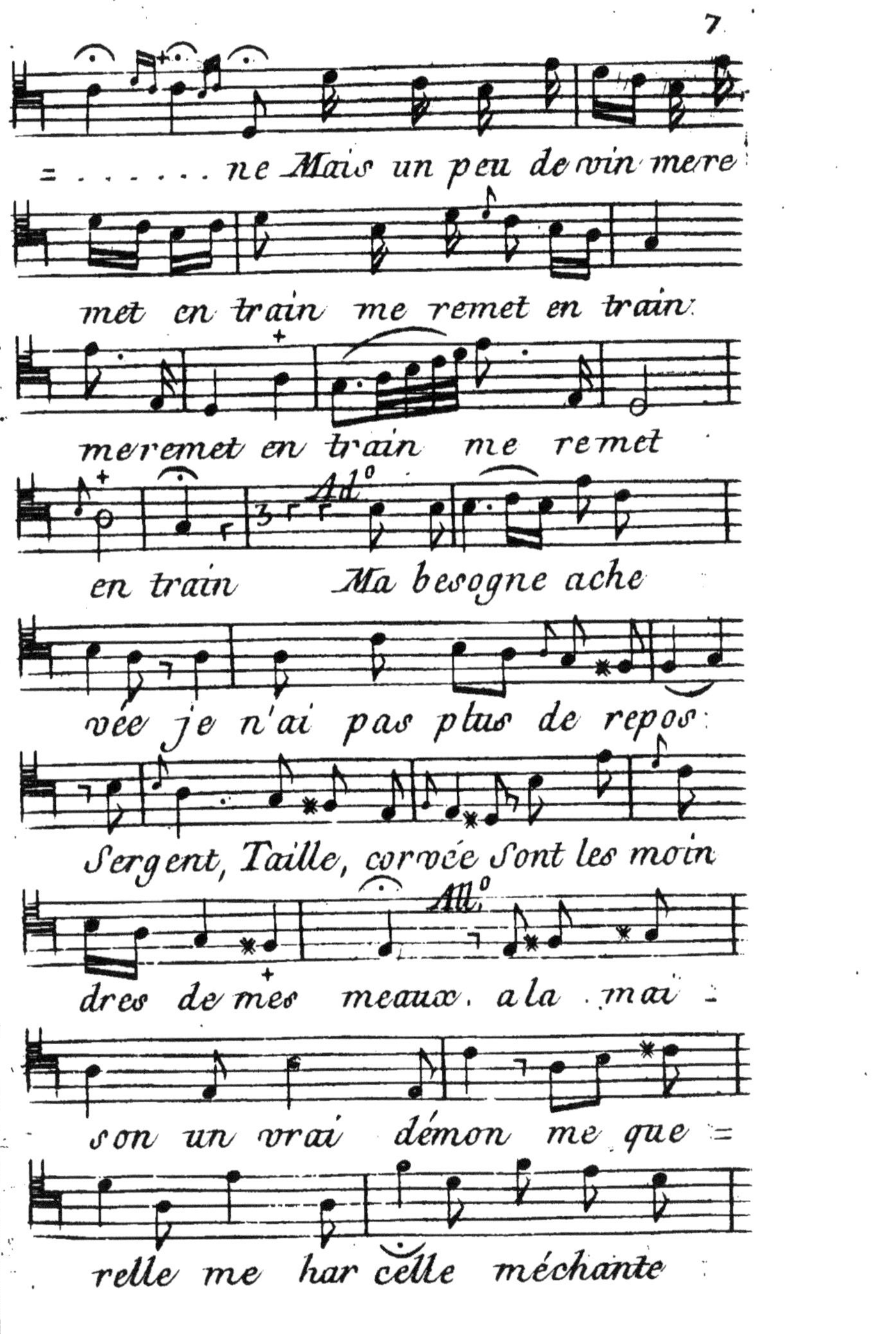

= . . . . . . ne Mais un peu de vin mere
met en train me remet en train
meremet en train me remet
All°
en train Ma besogne ache
vée je n'ai pas plus de repos
Sergent, Taille, corvée Sont les moin
All°
dres de mes meaux. a la mai -
son un vrai démon me que =
relle me har celle méchante

femme et ponit de pain ha

quel destin ah quel destin

des le matin je prends en

main ma lour de co=

gnée et dans le bois voi

sin toutte la journée

toutte la jour né - e

je vais taillant cou =

pant abat tant, coupant abat

tant, han han cou:
pant abattant han han qu'on a de
pei-ne qu'on a de peine pour un:
petit gain pour un petit gain
Mais un peu de vin me redone ha-
leïne mais un peu de vin me re-
2 il boit
met en train mais un peu de
vin me redonne ha leine //.
vin me re don-ne ha =

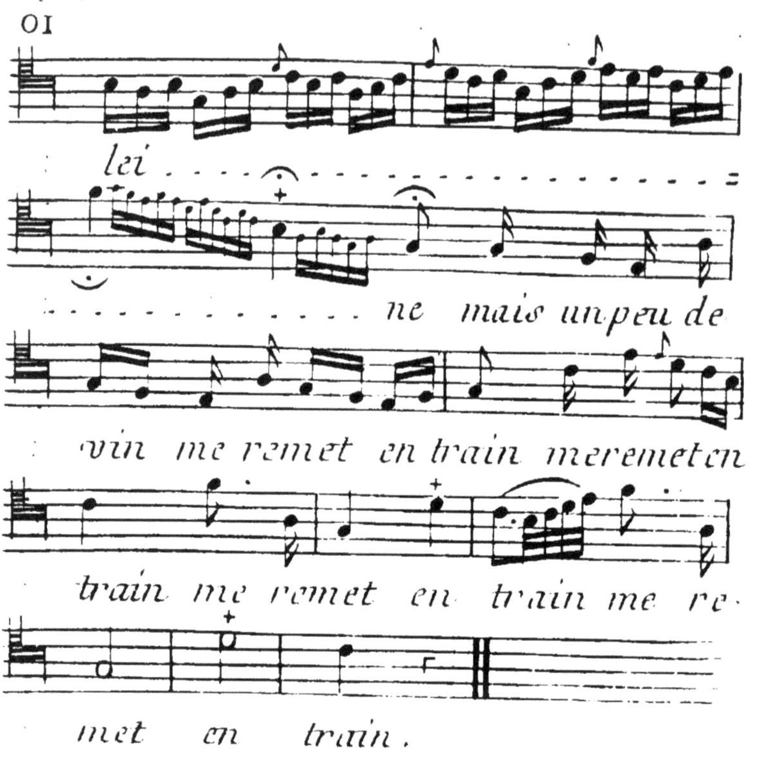
lei
ne mais un peu de
vin me remet en train me remet en
train me remet en train me re
met en train.

www.ingramcontent.com/pod-product-compliance
Ingram Content Group UK Ltd.
Pitfield, Milton Keynes, MK11 3LW, UK
UKHW021107260726
13994UKWH00002B/760